Impressum
Verlag: BABADADA GmbH, Nedderfeld 112 , 22529 Hamburg
Geschäftsführer / Verlagsleitung: Harald Hof
Druck: Books on Demand GmbH, In de Tarpen 42, 22848 Norderstedt

Imprint
Publisher: BABADADA GmbH, Nedderfeld 112 , 22529 Hamburg, Germany
Managing Director / Publishing direction: Harald Hof
Print: Books on Demand GmbH, In de Tarpen 42, 22848 Norderstedt

jiao shi
el aula

chu
dividir

186/2

hei ban
el pizarrón

xiao yuan
el patio de la escuela

lao shi
el maestro

zhi
el papel

shu xie
escribir

gang bi
la birome

ban gong zhuo
el escritorio

zhi chi
la regla

shu
el libro

xue sheng
el alumno

shu bao

la mochila

qian bi he

la caja de lápices

qian bi

el lápiz

juan bi dao

el sacapuntas

xiang pi ca

la goma (de borrar)

hua ban

el bloc de dibujo

tu hua

el dibujo

hua bi

el pincel

yan liao he

la caja de pinturas

jian dao

la tijera

jiao shui

el pegamento

lian xi ce

el cuaderno de ejercicios

jia ting zuo ye

la tarea

shu zi

el número

jia

sumar

jian

restar

cheng

multiplicar

ji suan

calcular

zi mu

la letra

zi mu biao

el abecedario

zi

la palabra

ke wen

el texto

du

leer

fen bi

la tiza

shang ke

la lección

deng ji

el cuaderno de clase

kao shi

el examen

zheng shu

el certificado

xiao fu

el uniforme escolar

jiao yu

la educación

bai ke quan shu

la enciclopedia

da xue

la universidad

xian wei jing

el microscopio

di tu

el mapa

fei zhi kuang

el tacho (de basura)

jiu dian
el hotel

qing nian lü xing she
el hostel

wai bi dui huan chu
la casa de cambio

shou ti xiang
la valija

qi che
el auto

yu yan

el idioma

shi/fou

sí / no

hao de

Está bien

nin hao

hola

fan yi yuan

el traductor

xie xie

Gracias

......duo shao qian?

¿cuánto cuesta...?

wo bu ming bai

No entiendo

wen ti

el problema

wan shang hao!

¡Buenas tardes!

zao shang hao!

¡Buenos días!

wan an!

¡Buenas noches!

zai jian

el adiós

fang xiang

la dirección

xing li

el equipaje

bao

el bolso

shuang jian bao

la mochila

ke ren

el invitado

fang jian

la habitación

shui dai

la bolsa de dormir

zhang peng

la carpa

lü you xin xi

la información turística

hai tan

la playa

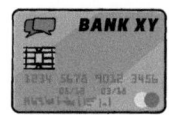

xin yong ka

la tarjeta de crédito

zao can

el desayuno

wu can

el almuerzo

wan can

la cena

piao

el pasaje

dian ti

el ascensor

you piao

el sello

bian jie

la frontera

hai guan

la aduana

da shi guan

la embajada

qian zheng

la visa

hu zhao

el pasaporte

fei ji
el avión

chuan
el barco

xiao fang che
la autobomba

gong jiao ch
el colectivo

ka che
el camión

qi ting
la lancha a motor

zi xing che
la bicicleta

qi che
el auto

bai du chuan

el ferry

xiao chuan

el bote

mo tuo che

la moto

jing che

el patrullero

sai che

el auto de carreras

zu che

el auto de alquiler

pin che

el alquiler de autos

tuo che

la grúa

la ji che

el camión de la basura

fa dong ji

el motor

qi you

la nafta

jia you zhan

la estación de servicio

jiao tong biao zhi

la señal de tránsito

jiao tong

el tránsito

jiao tong du sai

el embotellamiento

ting che chang

el estacionamiento

huo che zhan

la estación de tren

gui dao

las vías

huo che

el tren

dian che

el tranvía

huo che

el vagón

zhi sheng ji

el helicóptero

ji chang

el aeropuerto

ta

la torre

cheng ke

el pasajero

ji zhuang xiang

el contenedor

zhi ban xiang

la caja de cartón

shou tui che

la carretilla

lan zi

la canasta

qi fei/jiang luo

despegar / aterrizar

cheng shi

la ciudad

cun zhuang

el pueblo

shi zhong xin

el centro de la ciudad

fang zi

la casa

dian ying yuan
el cine

guang gao
la publicidad

lu deng
el farol

jie dao
la calle

chu zu che
el taxi

xiao chi dian
el kiosco

xing ren
el peatón

ren xing dao
la vereda

ban ma xian
el paso peatonal

xiang
contenedor de basura

shi zi lu kou
el cruce

hong lü deng
el semáforo

xiao wu

la cabaña

gong yu

el departamento

huo che zhan

la estación de tren

shi zheng ting

la municipalidad

bo wu guan

el museo

xue xiao

el colegio

da xue

la universidad

yin hang

el banco

yi yuan

el hospital

jiu dian

el hotel

yao fang

la farmacia

ban gong shi

la oficina

shu dian

la librería

shang dian

el negocio

hua dian

la florería

chao shi

el supermercado

shi chang

el mercado

bai huo shang dian

las grandes tiendas

yu dian

la pescadería

gou wu zhong xin

el centro comercial

hai gang

el puerto

gong yuan

el parque

chang deng

el banco

qiao

el puente

lou ti

las escaleras

di tie

el subte

sui dao

el túnel

gong jiao che zhan

la parada del colectivo

jiu ba

el bar

can guan

el restaurante

you tong

el buzón

lu biao

el letrero

ting che ji shi qi

el parquímetro

dong wu yuan

el zoológico

you yong guan

la pileta

qing zhen si

la mezquita

nong chang

la granja

wu ran

la contaminación

mu di

el cementerio

jiao tang

la iglesia

cao chang

los juegos infantiles

si miao

el templo

di xing

el paisaje

shu ye
la hoja

zhi shi pai
el poste indicador

lu
el camino

cao di
la pradera

shi tou
la piedra

shu
el árbol

tu bu lü xing zhe
el excursionista

he
el río

cao
la hierba

hua
la flor

xia gu

el valle

shan

la montaña

hu

el lago

sen lin

el bosque

sha mo

el desierto

huo shan

el volcán

cheng bao

el castillo

cai hong

el arco iris

mo gu

el champiñón

zong lü shu

la palmera

wen zi

el mosquito

cang ying

la mosca

ma yi

la hormiga

mi feng

la abeja

zhi zhu

la araña

jia chong

el escarabajo

qing wa

la rana

song shu

la ardilla

ci wei

el erizo

ye tu

la liebre

mao tou ying

la lechuza

niao

el pájaro

tian e

el cisne

ye zhu

el jabalí

lu

el ciervo

mi lu

el alce

shui ba

la presa

feng li fa dian ji

el aerogenerador

tai yang neng dian chi ban

el panel solar

qi hou

el clima

fu wu yuan
el mozo

cai dan
el menú

yi zi
la silla

tang
la sopa

pi sa bing
la pizza

zhuo bu
el mantel

can ju
los cubiertos

qian cai
la entrada

zhu cai
el plato principal

tian dian
el postre

yin liao
las bebidas

shi wu
la comida

ping zi
la botella

kuai can

la comida rápida

jie bian xiao chi

la comida callejera

cha hu

la tetera

tang he

la azucarera

yi fen fan cai

la porción

yi shi ka fei ji

la cafetera expreso

gao jiao yi

la sillita alta

zhang dan

la cuenta

tuo pan

la bandeja

dao

el cuchillo

can cha

el tenedor

shao zi

la cuchara

cha chi

la cucharita

can jin

la servilleta

bo li bei

el vaso

die zi

el plato

tang pan

el plato hondo

die zi

el plato

jiang

la salsa

yan ping

el salero

hu jiao mo

el molinillo de pimienta

cu

el vinagre

shi yong you

el aceite

tiao wei liao

las especias

fan qie jiang

el kétchup

jie mo

la mostaza

dan huang jiang

la mayonesa

te jia
la oferta especial

gu ke
el cliente

ru zhi pin
los lácteos

shui guo
la fruta

gou wu che
el changuito

rou pu

la carnicería

mian bao fang

la panadería

cheng zhong

pesar

shu cai

las verduras

rou

la carne

leng dong shi pin

los alimentos congelados

leng pan

los fiambres

guan tou shi pin

los alimentos enlatados

xi yi fen

el detergente en polvo

tian shi

las golosinas

ri yong pin

los electrodomésticos

qing jie yong pin

los productos de limpieza

xiao shou yuan

la vendedora

shou yin ji

la caja

shou yin yuan

el cajero

gou wu qing dan

la lista de compras

kai fang shi jian

el horario de atención

qian bao

la billetera

xin yong ka

la tarjeta de crédito

dai zi

la cartera

su liao dai

la bolsa de plástico

shui

el agua

guo zhi

el jugo

niu nai

la leche

ke le

la bebida cola

hong jiu

el vino

pi jiu

la cerveza

jiu

el alcohol

ke ke

el cacao

cha

el té

ka fei

el café

yi shi nong suo ka fei

el café expreso

ka bu qi nuo

el cappuccino

xiang jiao

la banana

ping guo

la manzana

cheng zi

la naranja

xi gua

el melón

ning meng

el limón

hu luo bo

la zanahoria

da suan

el ajo

zhu zi

el bambú

yang cong

la cebolla

mo gu

el champiñón

jian guo

las nueces

mian tiao

los fideos

yi da li mian tiao

los tallarines

mi fan

el arroz

sha la

la ensalada

shu tiao

las papas fritas

zha tu dou

las papas fritas

pi sa bing

la pizza

han bao bao

la hamburguesa

san ming zhi

el sándwich

zha zhu pai

el churrasco

huo tui

el jamón

sa la mi

el salame

xiang chang

la salchicha

ji rou

el pollo

kao rou

el asado

yu

el pescado

yan mai pian

los copos de avena

mu zi li

el muesli

yu mi pian

los copos de maíz

mian fen

la harina

yang jiao mian bao

la medialuna

mian bao juan

el pancito

mian bao

el pan

kao mian bao

la tostada

bing gan

las galletitas

huang you

la manteca

ning ru

la cuajada

dan gao

la torta

dan

el huevo

jian dan

el huevo frito

nai lao

el queso

bing ji lin

el helado

tang

el azúcar

feng mi

la miel

guo jiang

la mermelada

qiao ke li jiang

la pasta de chocolate

ga li fan

el curry

nong she
la granja

dao cao kun
el fardo de paja

liang cang
el granero

tian ye
el campo

ma
el caballo

tuo che
el remolque

ma ju
el potrillo

tuo la ji
el tractor

lü
el burro

yang
la oveja

gao yang
el cordero

shan yang

la cabra

nai niu

la vaca

niu du

el ternero

zhu

el cerdo

xiao zhu

el lechón

gong niu

el toro

e

el ganso

ya

el pato

xiao ji

el pollo

mu ji

la gallina

gong ji

el gallo

shu

la rata

mao

el gato

lao shu

el ratón

niu

el buey

gou

el perro

gou wu

la cucha

hua yuan jiao shui ruan guan

la manguera

sa shui hu

la regadera

chang bing da lian dao

la guadaña

li

el arado

lian dao

la hoz

chu tou

la azada

chang bing cao pa

la horquilla

fu tou

el hacha

du lun shou tui che

la carretilla

si liao cao

el abrevadero

niu nai guan

la lechera

ma bu dai

la bolsa

zha lan

la reja

ma jiu

el establo

wen shi

el invernadero

tu rang

el suelo

zhong zi

la semilla

fei liao

el fertilizador

lian he shou ge ji

la cosechadora

shou ge

cosechar

shou ge

la cosecha

shan yao

las batatas

xiao mai

el trigo

da dou

la soja

tu dou

la papa

yu mi

el maíz

you cai zi

la semilla de colza

guo shu

el árbol frutal

shu shu

la mandioca

gu wu

los cereales

yan cong
la chimenea

wu ding
el techo

luo shui guan
el caño de desagüe

chuang hu
la ventana

che ku
el garaje

men ling
el timbre

men
la puerta

la ji tong
el tacho de basura

xin xiang
el buzón

hua yuan
el jardín

ke ting
el living

yu shi
el baño

chu fang
la cocina

wo shi
el dormitorio

er tong fang
el cuarto de los chicos

can ting
el comedor

di ban

el piso

qiang bi

la pared

diao ding

el cielorraso

di jiao

el sótano

sang na

el sauna

yang tai

el balcón

lu tai

la terraza

you yong chi

la pileta

ge cao ji

la cortadora de pasto

bei dan

la sábana

chuang zhao

el acolchado

chuang

la cama

sao zhou

la escoba

shui tong

el balde

kai guan

el interruptor

bi zhi
el empapelado

zhao pian
la imagen

tai deng
la lámpara

ge jia
el estante

chu gui
el armario

dian shi ji
la televisión

bi lu
la chimenea

hua
la flor

dian zi
el almohadón

hua ping
el florero

sha fa
el sofá

yao kong qi
el control remoto

di tan

la alfombra

chuang lian

la cortina

can zhuo

la mesa

yi zi

la silla

yao yi

la mecedora

fu shou yi

el sillón

shu

el libro

tan zi

la frazada

zhuang shi pin

la decoración

mu chai

la leña

dian ying

la película

gao bao zhen yin xiang

el equipo de música

yao shi

la llave

bao zhi

el diario

you hua

la pintura

hai bao

el póster

shou yin ji

la radio

bi ji ben

el cuaderno

xi chen qi

la aspiradora

xian ren zhang

el cactus

la zhu

la vela

bing xiang
la heladera

wei bo lu
el microondas

chu fang cheng
la balanza de cocina

kao mian bao ji
la tostadora

xi jie jing
el detergente

bing gui
el freezer

kao xiang
el horno

la ji tong
el tacho de basura

xi wan ji
el lavaplatos

chui ju

la cocina

guo

la olla

zhu tie guo

la olla de hierro fundido

sha guo

el wok

ping di guo

la sartén

shui hu

la pava

zheng guo

la vaporera

kao pan

la bandeja de horno

tao ci guo

la vajilla

ma ke bei

la taza

wan

el bol

kuai zi

los palitos

chang bing shao

el cucharón

chan zi

la espátula

jiao ban qi

la batidora

lü wang

el colador

shai zi

el colador

mo sui ji

el rallador

yan bo

el mortero

shao kao

la parrilla

ming huo

la fogata

cai ban

la tabla de picar

gan mian zhang

el palo de amasar

kai ping qi

el sacacorchos

guan zi

la lata

kai ping qi

el abrelatas

ge re shou tao

la manopla

shui cao

la pileta

shua zi

el cepillo

hai mian

la esponja

jiao ban ji

la batidora

leng cang xiang

el congelador

nai ping

la mamadera

shui long tou

la canilla

lin yu
la ducha

gong nuan she bei
la calefacción

mao jin
la toalla

yu lian
la cortina de la ducha

pao mo yu
el baño de espuma

yu gang
la bañadera

bo li bei
el vaso

xi yi ji
el lavarropas

ci zhuan
las baldosas

shui long tou
la canilla

bian hu
la pelela

shui cao
la pileta

ce suo

el inodoro

dun bian qi

la letrina

zuo yu qi

el bidé

xiao bian chi

el mingitorio

ce zhi

el papel higiénico

ma tong shua

el cepillo para el inodoro

ya shua

el cepillo de dientes

ya gao

el dentífrico

ya xian

el hilo dental

xi

lavar

shou chi shi pen lin tou

la ducha de mano

chong xi qi

la ducha higiénica

xi lian pen

la palangana

ca bei shua

el cepillo para la espalda

fei zao

el jabón

mu yu lu

el gel de ducha

xi fa shui

el shampoo

fa lan rong

la toallita

pai shui

el desagüe

ru shuang

la crema

chu chou ji

el desodorante

jing zi

el espejo

shou jing

el espejito

ti xu dao

la maquinita de afeitar

ti xu pao mo

la espuma de afeitar

xu hou shui

el aftershave

shu zi

el peine

shua zi

el cepillo

chui feng ji

el secador de pelo

pen fa ding xing ji

el spray

hua zhuang pin

el maquillaje

chun gao

el lápiz de labios

zhi jia you

el esmalte para uñas

hua zhuang mian

el algodón

zhi jia jian

la tijera para uñas

xiang shui

el perfume

xi shu bao

el portacosméticos

deng zi

la banqueta

ji zhong cheng

la balanza

yu pao

la bata

xiang jiao shou tao

los guantes de goma

wei sheng mian tiao

el tampón

wei sheng jin

la toallita femenina

hua xue ce suo

el baño químico

nao zhong
el despertador

mao rong wan ju
el peluche

wan ju che
el coche de juguete

wan ju wu
la casa de muñecas

li wu
el regalo

bo lang gu
el sonajero

qi qiu

el globo

chuang

la cama

(yang wa wa yong)ying er
che

el cochecito

pu ke pai

las cartas

pin tu

el rompecabezas

man hua

la historieta

le gao ji mu

las piezas de lego

ji mu wan ju

los ladrillos de juguete

wan ju ren

la figura de acción

ying er fu

el enterito (de bebé)

fei pan

el frisbee

chuang ling wan ju

el móvil para bebés

qi pan you xi

el juego de mesa

shai zi

los dados

huo che mo xing

el tren eléctrico

an fu nai zui

el chupete

ju hui

la fiesta

hui ben

el libro de cuentos ilustrado

qiu

la pelota

yang wa wa

la muñeca

wan

jugar

sha keng

el arenero

qiu qian

la hamaca

wan ju

los juguetes

you xi ji

la consola de videojuegos

san lun che

el triciclo

tai di xiong

el osito de peluche

yi chu

el armario

yi fu

la ropa

wa zi

las medias

chang wa

las medias panty

jin shen ku

las calzas

wei jin
la bufanda

yu san
el paraguas

T xu
la remera

pi dai
el cinturón

xue zi
las botas

tuo xie
las pantuflas

yun dong xie
las zapatillas

liang xie
las sandalias

xie
los zapatos

yu xue
las botas de goma

nei ku
la ropa interior

xiong zhao
el corpiño

bei xin
el chaleco

yi fu - la ropa

shen ti

el body

ku zi

los pantalones

niu zai ku

los jeans

duan qun

la pollera

nü shi chen shan

la blusa

chen shan

la camisa

tao tou shan

el pulóver

wei yi

el buzo

xi zhuang jia ke

el blazer

jia ke

la campera

wai tao

el tapado

yu yi

el piloto

tao zhuang

el traje

lian yi qun

el vestido

hun sha

el vestido de novia

xi zhuang

el traje

shui pao

el camisón

shui yi

el pijama

sha li

el sari

tou jin

el pañuelo para la cabeza

bao tou jin

el turbante

bo ka

la burka

ka fu tan

el caftán

(a la bo shi)chang pao

la abaya

yong yi

el traje de baño

nan shi yong ku

el short de baño

duan ku

los shorts

yun dong fu

el jogging

wei qun

el delantal

shou tao

los guantes

niu kou

el botón

yan jing

los anteojos

shou lian

la pulsera

xiang lian

el collar

jie zhi

el anillo

er huan

el aro

bian mao

la gorra

yi jia

la percha

mao zi

el sombrero

ling dai

la corbata

la lian

el cierre

tou kui

el casco

bei dai

los tiradores

xiao fu

el uniforme escolar

zhi fu

el uniforme

wei dou

el babero

an fu nai zui

el chupete

niao bu shi

el pañal

fu wu qi
el servidor

wen jian gui
el archivero

da yin ji
la impresora

xian shi ping
el monitor

zhi
el papel

shu biao
el mouse

ban gong zhuo
el escritorio

wen jian jia
la carpeta

jian pan
el teclado

fei zhi kuang
el tacho (de basura)

dian nao
la computadora

yi zi
la silla

ka fei bei

la taza de café

ji suan qi

la calculadora

yin te wang

el internet

bi ji ben dian nao

la laptop

xin jian

la carta

xiao xi

el mensaje

shou ji

el celular

wang luo

la red

fu yin ji

la fotocopiadora

ruan jian

el software

dian hua

el teléfono

cha zuo

el tomacorriente

chuan zhen ji

el fax

biao ge

el formulario

wen jian

el documento

mai

comprar

fu qian

pagar

jiao yi

hacer negocios

xian jin

el dinero .

mei yuan

el dólar

ou yuan

el euro

ri yuan

el yen

lu bu

el rublo

rui shi fa lang

el franco suizo

ren min bi

el yuan

lu bi

la rupia

ti kuan chu

el cajero automático

wai bi dui huan chu

la casa de cambio

jin

el oro

yin

la plata

shi you

el petróleo

neng yuan

la energía

jia ge

el precio

he tong

el contrato

shui jin

el impuesto

gu piao

la acción

gong zuo

trabajar

zhi yuan

el empleado

lao ban

el empleador

gong chang

la fábrica

shang dian

el negocio

jing guan
el policía

xiao fang yuan
el bombero

chu shi
el cocinero

yi sheng
el médico

fei xing yuan
el piloto

yuan ding

el jardinero

mu jiang

el carpintero

cai feng

la modista

fa guan

el juez

hua xue jia

el farmacéutico

yan yuan

el actor

gong jiao che si ji

el colectivero

chu zu che si ji

el taxista

yu fu

el pescador

qing jie nü gong

la mucama

wu ding gong

el techista

fu wu yuan

el mozo

lie ren

el cazador

hua jia

el pintor

mian bao shi

el panadero

dian gong

el electricista

jian zhu gong ren

el albañil

gong cheng shi

el ingeniero

tu fu

el carnicero

shui guan gong

el plomero

you di yuan

el cartero

shi bing

el soldado

jian zhu shi

el arquitecto

shou yin yuan

el cajero

hua nong

el florista

li fa shi

el peluquero

shou piao yuan

el cobrador

ji xie shi

el mecánico

chuan zhang

el capitán

ya yi

el dentista

ke xue jia

el científico

la bi

el rabino

yi ma mu

el imán

he shang

el monje

mu shi

el sacerdote

tie chui
el martillo

qian zi
la tenaza

luo si dao
el destornillador

ban shou
la llave

shou dian tong
la linterna

wa jue ji

la excavadora

gong ju xiang

la caja de herramientas

ti zi

la escalera portátil

ju zi

la sierra

ding zi

los clavos

zuan ji

el taladro

xiu

arreglar

chan zi

la pala de jardín

kao!

¡Qué bronca!

bo ji

la pala de plástico

you qi tong

el tacho de pintura

luo si

los tornillos

yue qi

los instrumentos musicales

da ji yue qi
la batería

yang sheng qi
el parlante

ji ta
la guitarra

di yin ti qin
el contrabajo

xiao hao
la trompeta

gang qin

el piano

xiao ti qin

el violín

bei si

el bajo

ding yin gu

los timbales

gu

el tambor

dian zi qin

el teclado

sa ke si guan

el saxofón

chang di

la flauta

mai ke feng

el micrófono

lao hu
el tigre

ru kou
la entrada

long zi
la jaula

ban ma
la cebra

dong wu si liao
el alimento para animales

xiong mao
el oso panda

dong wu
los animales

da xiang
el elefante

dai shu
el canguro

xi niu
el rinoceronte

da xing xing
el gorila

xiong
el oso

luo tuo

el camello

tuo niao

el avestruz

shi zi

el león

hou zi

el mono

huo lie niao

el flamenco

ying wu

el loro

bei ji xiong

el oso polar

qi e

el pingüino

sha yu

el tiburón

kong que

el pavo real

she

la serpiente

e yu

el cocodrilo

dong wu yuan guan li yuan

el cuidador del zoológico

hai bao

la foca

mei zhou bao

el jaguar

ai zhong ma

el poni

bao

el leopardo

he ma

el hipopótamo

chang jing lu

la jirafa

lao ying

el águila

ye zhu

el jabalí

yu

el pescado

gui

la tortuga

hai xiang

la morsa

hu li

el zorro

ling yang

la gacela

gan lan qiu
el fútbol americano

qi zi xing che
el ciclismo

wang qiu
el tenis

lan qiu
el básquet

you yong
la natación

quan ji
el boxeo

bing qiu
el hockey sobre hielo

ying shi zu qiu
el fútbol

yu mao qiu
el bádminton

tian jing
el atletismo

shou qiu
el handball

hua xue
el esquí

ma qiu
el polo

tiao
saltar

yong bao
abrazar

xiao
reír

chang
cantar

zou lu
caminar

qi dao
rezar

qin wen
besar

zuo meng
soñar

shu xie

escribir

hua

dibujar

zhan shi

mostrar

tui

presionar

gei

dar

na

tomar

you

tener

zuo

hacer

dang

ser

zhan

estar parado

pao

correr

la

tirar

reng

tirar

shuai dao

caer

tang

estar acostado

deng dai

esperar

xie dai

llevar

zuo

estar sentado

chuan yi

vestirse

shui jiao

dormir

xing lai

despertar

kan

mirar

ku

llorar

fu mo

acariciar

shu tou

peinar

jiao tan

hablar

ming bai

entender

wen

preguntar

ting

escuchar

he

beber

chi

comer

qing li

ordenar

ai

amar

zuo fan

cocinar

kai che

manejar

fei

volar

hang xing

navegar

ji suan

calcular

du

leer

xue xi

aprender

gong zuo

trabajar

jie hun

casarse

feng

coser

shua ya

cepillarse los dientes

sha

matar

chou yan

fumar

ji

enviar

zu mu
la abuela

zu fu
el abuelo

fu qin
el padre

mu qin
la madre

ying tong
el bebé

nü er
la hija

er zi
el hijo

ke ren

el invitado

a yi

la tía

shu shu

el tío

xiong di

el hermano

jie mei

la hermana

qian e
la frente

yan jing
el ojo

jian bang
el hombro

shou zhi
el dedo

lian
la cara

xia ba
la pera

shou
la mano

ru fang
el pecho

tui
la pierna

shou bi
el brazo

ying tong
el bebé

nan ren
el hombre

nü ren
la mujer

nü hai
la nena

nan hai
el nene

tou
la cabeza

bei bu

la espalda

du zi

la panza

du qi

el ombligo

jiao zhi

el dedo del pie

jiao hou gen

el talón

gu tou

el hueso

tun bu

la cadera

xi gai

la rodilla

shou zhou

el codo

bi zi

la nariz

pi gu

la cola

pi fu

la piel

lian jia

el cachete

er duo

la oreja

zui chun

el labio

zui

la boca

ya chi

el diente

she tou

la lengua

nao

el cerebro

xin zang

el corazón

ji rou

el músculo

fei

el pulmón

gan zang

el hígado

wei

el estómago

shen zang

los riñones

xing jiao

el sexo

bi yun tao

el preservativo

luan zi

el óvulo

jing zi

el semen

huai yun

el embarazo

yue jing

la menstruación

yin dao

la vagina

yin jing

el pene

mei mao

la ceja

tou fa

el pelo

bo zi

el cuello

yi yuan
el hospital

jiu hu che
la ambulancia

lun yi
la silla de ruedas

gu zhe
la fractura

yi sheng

el médico

ji zhen shi

la sala de guardia

hu shi

la enfermera

jin ji qing kuang

la emergencia

hun mi

inconsciente

tong

el dolor

shou shang

la lesión

chu xue

la hemorragia

xin zang bing fa zuo

el infarto

zhong feng

el ACV

guo min

la alergia

ke sou

la tos

fa shao

la fiebre

liu gan

la gripe

fu xie

la diarrea

tou tong

el dolor de cabeza

ai zheng

el cáncer

tang niao bing

la diabetes

wai ke yi sheng

el cirujano

shou shu dao

el bisturí

shou shu

la operación

CT

la TC

X guang

los rayos x

chao sheng bo

la ecografía

kou zhao

el barbijo

ji bing

la enfermedad

hou zhen shi

la sala de espera

guai zhang

la muleta

shi gao

la curita

beng dai

la venda

zhu she

la inyección

ting zhen qi

el estetoscopio

dan jia

la camilla

ti wen ji

el termómetro

chu sheng

el nacimiento

chao zhong

el sobrepeso

zhu ting qi

el audífono

xiao du ye

el desinfectante

gan ran

la infección

bing du

el virus

ai zi bing

el VIH / SIDA

yao wu

el remedio

jie zhong yi miao

la vacunación

yao pian

los comprimidos

yao wan

la pastilla anticonceptiva

ji jiu dian hua

llamada de emergencia

xue ya ji

el tensiómetro

sheng bing/jian kang

enfermo / sano

jiu ming!

¡Ayuda!

jing bao

la alarma

tu ji

la agresión

gong ji

el ataque

wei xian

el peligro

jin ji chu kou

la salida de emergencia

zhao huo la!

¡Fuego!

mie huo qi

el matafuego

yi wai

el accidente

ji jiu xiang

el botiquín de primeros
auxilios

hu jiu xin hao

el SOS

jing cha

la policía

ou zhou

Europa

bei mei zhou

América del Norte

nan mei zhou

América del Sur

fei zhou

África

ya zhou

Asia

ao zhou

Australia

da xi yang

el Atlántico

tai ping yang

el Pacífico

yin du yang

el Océano Índico

nan bing yang

el Océano Antártico

bei bing yang

el Océano Ártico

bei ji

el polo norte

nan ji

el polo sur

nan ji zhou

la Antártida

di qiu

la Tierra

lu di

la tierra

hai

el mar

dao

la isla

guo jia

la nación

guo jia

el estado

zhong mian

la esfera

shi zhen

la manecilla de las horas

fen zhen

el minutero

miao zhen

el segundero

xian zai ji dian?

¿Qué hora es?

tian

el día

shi jian

la hora

xian zai

ahora

dian zi biao

el reloj digital

fen

el minuto

shi

la hora

zhou yi
lunes

zhou san
miércoles

zhou wu
viernes

zhou er
martes

zhou liu
sábado

zhou si
jueves

zhou ri
domingo

zuo tian

ayer

jin tian

hoy

ming tian

mañana

zao chen

la mañana

zhong wu

el mediodía

wan shang

la tarde

MO	TU	WE	TH	FR	SA	SU
1	2	3	4	5	6	7
8	9	10	11	12	13	14
15	16	17	18	19	20	21
22	23	24	25	26	27	28
29	30	31	1	2	3	4

gong zuo ri

los días hábiles

MO	TU	WE	TH	FR	SA	SU
1	2	3	4	5	6	7
8	9	10	11	12	13	14
15	16	17	18	19	20	21
22	23	24	25	26	27	28
29	30	31	1	2	3	4

zhou mo

el fin de semana

yu
la lluvia

cai hong
el arco iris

xue
la nieve

feng
el viento

chun
la primavera

qiu
el otoño

xia
el verano

dong
el invierno

tian qi yu bao

pronóstico meteorológico

wen du ji

el termómetro

yang guang

la luz del sol

yun

la nube

wu

la niebla

chao shi

la humedad

shan dian

el rayo

da lei

el trueno

feng bao

la tormenta

bing bao

el granizo

ji feng

el monzón

hong shui

la inundación

bing

el hielo

yi yue

enero

er yue

febrero

san yue

marzo

si yue

abril

wu yue

mayo

liu yue

junio

qi yue

julio

ba yue

agosto

jiu yue

septiembre

shi yue

octubre

shi yi yue

noviembre

shi er yue

diciembre

xing zhuang
las formas

yuan xing

el círculo

zheng fang xing

el cuadrado

chang fang xing

el rectángulo

san jiao xing

el triángulo

qiu ti

la esfera

li fang ti

el cubo

bai

blanco

huang

amarillo

cheng

naranja

fen

rosa

hong

rojo

zi

violeta

lan

azul

lü

verde

zong

marrón

hui

gris

hei

negro

hen duo/shao xu
....
mucho / poco

sheng qi/ping jing
....
enojado / tranquilo

mei/chou
....
lindo / feo

shou/wei
....
el principio / el fin

da/xiao
....
grande / chico

ming/an
....
claro / oscuro

xiong di/jie mei
....
el hermano / la hermana

gan jing/ang zang
....
limpio / sucio

wan zheng/que shi
....
completo / incompleto

bai tian/wan shang
....
el día / la noche

si/sheng
....
muerto / vivo

kuan/zhai
....
ancho / angosto

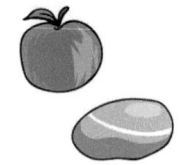

ke shi yong/fei shi yong

comestible / no comestible

xie e/shan liang

malo / amable

xing fen/wu liao

entusiasmado / aburrido

pang/shou

gordo / flaco

di yi/zui hou

primero / último

peng you/di ren

el amigo / el enemigo

man/kong

lleno / vacío

ying/ruan

duro / blando

zhong/qing

pesado / liviano

e/ke

el hambre / la sed

sheng bing/jian kang

enfermo / sano

fei fa/he fa

ilegal / legal

cong ming/yu ben

inteligente / estúpido

zuo/you

izquierda / derecha

jin/yuan

cerca / lejos

xin/jiu

nuevo / usado

mei you/you xie

nada / algo

lao/you

viejo / joven

kai/guan

encendido / apagado

da kai/he shang

abierto / cerrado

an jing/chao nao

silencioso / ruidoso

fu/qiong

rico / pobre

dui/cuo

correcto / incorrecto

cu cao/guang hua

áspero / suave

shang xin/gao xing

triste / contento

duan/chang

corto / largo

man/kuai

lento / rápido

shi/gan

mojado / seco

wen nuan/liang shuang

caliente / frío

zhan zheng/he ping

guerra / paz

0

ling

cero

1

yi

uno

2

er

dos

3

san

tres

4

si

cuatro

5

wu

cinco

6

liu

seis

7

qi

siete

8

ba

ocho

9

jiu

nueve

10

shi

diez

11

shi yi

once

12
shi er

doce

13
shi san

trece

14
shi si

catorce

15
shi wu

quince

16
shi liu

dieciséis

17
shi qi

diecisiete

18
shi ba

dieciocho

19
shi jiu

diecinueve

20
er shi

veinte

100
bai

cien

1.000
qian

mil

1.000.000
bai wan

el millón

ying yu

el inglés

mei shi ying yu

el inglés americano

pu tong hua

el chino mandarín

yin di yu

el hindi

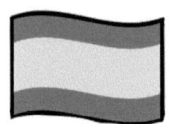

xi ban ya yu

el español

fa yu

el francés

a la bo yu

el árabe

e yu

el ruso

pu tao ya yu

el portugués

feng jia la yu

el bengalí

de yu

el alemán

ri yu

el japonés

wo

yo

ni

vos

ta/ta/ta

él / ella

wo men

nosotros

ni men

ustedes

ta men

ellos

shei?

¿quién?

shen me?

¿qué?

zen yang?

¿cómo?

na li?

¿dónde?

shen me shi hou?

¿cuándo?

ming zi

el nombre

hou mian

detrás

li mian

en

qian mian

adelante de

shang fang

por encima de

shang mian

sobre

xia mian

debajo de

pang bian

al lado de

zhong jian

entre

di dian

el lugar